Aiki of jñāna

ジニャーナの合気

至高の愛《パクティ》と真我の輝き

中村 昌泰

明窓出版

はじめに

いったい合気道とどのような繋がりがあるのでしょうか？

「ジニャーナ合気」のジニャーナとは何でしょうか？

ジニャーナとは、インドにおける古典的な求道法のひとつで、「真我についての知識」又は「理解」という意味合いを持ち、ヴィチャーラ（探求の道）とも呼ばれています。

ジニャーナはバクティ（帰依の道）と並んで、現在もインド内外における、世界中の求道者たちに愛され、連綿とその求道の権威を保っています。

ジニャーナの独特な探求スタイルは、エゴの非実在性を直接にあばき出し、障害となる無知を取り除いて、今ここに在る、絶対なるものとの分離なき安心立命の境地を即座にもたらしてくれます。

わが国においても、名だたる剣豪たちが剣の極意を体得するために、すぐれた禅師をたずね、教えを乞うて参禅する話がありますが、常に生死と直面している剣術家たちは、その押し迫る恐怖と戦いながら、絶対なる強さを必死に求め、剣の極意を究めんと禅の教えに救いを求めたのでしょう。

禅の見性《けんしょう》体験（悟り）に活路を見いだして、己の無知からくる根本的弱点を何とか克服しようと果敢に試みたのでした。

いつしか私の中でジニャーナと合気道はひとつに重なり合い、両者の奥底に流れる、非常に近くて、そして相通ずる極意が少しずつ見えてきました。

武道の極意は、道場にて武の鍛錬をする時のみに在らず。また武道の極意とは、決して武道を鍛錬する者だけのものに在らず。日常生活の中にあって、四六時中に、すべての人が実践、会得すべきもの。そんな想いに至って、日々の稽古で感じたこと、伝えたいと思ったことを心に感じるままに、わき起こるままにメッセージとして書き留めました。

思えば先師、寺田気山先生は、まったくもって気の技の達人でした。神からいただいた賜物を縦横無尽に使い分け、その独特の世界観を作り上げ、後進の育成に尽力されたのです。それにくらべて、私はいまだ足元にも及ばず満足のいく技はできていませんが、先生に出会い、先生の信仰による無敵の強さをみせられ、その本当の意味するものとは何かを教えられ、その極意を究めようと手探りで模索を続けているうちに、いつの間にか、技術の奥にある最も大切なものに気づかせていただいた気がします。

表現することのできない言葉の矛盾の中から、
一つの言葉をあなたに表現したい。
たった一つの愛のコトバをあなたに表現したい。
語ることのできない言葉の矛盾の中から、
一つの言葉をあなたに語りたい。
たった一つの愛のコトバをあなたに語りたい。
伝えることのできない言葉の矛盾の中から、
一つの言葉をあなたに伝えたい。
たった一つの愛のコトバをあなたに伝えたい。

どうかこの本が、広く垣根を越えて、多くの人の目にとまり、微力ながらも皆さんの精神的啓蒙の一助とならんことを祈ります。

◎ジニャーナの合気　至高の愛《バクティ》と真我の輝き　目次◎

期待しない

スピリチュアル合気において、
何かが得られるなどとは、期待しないで下さい。
既存の武道のように、
自己を鍛え、努力のすえに、
何かを得ようなどとは、想像しないで下さい。
むしろ、何かを得るだろうと考えるあなた自身を、
すっぱりと捨て去ってみて欲しいのです。
あなたは、あなた自身に、
自分は誰なのかと、
問いかけたことがありますか？

エゴ無しの技

スピリチュアル合気道は、稽古するものが、
その中へ消えてしまうことを目的としていますが、
それは、エゴ無しの技の実現でもあります。
それが、私たちにとって障害となる恐れや欲望を、
取り除くことであるとしても、
私たちにできることは、ただ、肩の力を抜いて、
合気に、一切を任せることだけです。

苦しみを手放す

あなたは、もう充分、苦しみました。
だからこそ、その求める苦しみを手放して、
自己のスピリチュアリティーの中で、
くつろいで欲しいのです。
スピリチュアル合気道の中で、
神遊びをしてみて下さい。
あなた自らが招いている、
分離のトリックから目を覚ましたなら、
意味のない苦しみは手放して、
豊かで欠けることのない、霊性の中で、

自由に遊んでみて欲しいのです。

イリュージョン

まだ、幻の壁を越えようと、
あなたは、むなしく戦いを挑むつもりですか？
あなたが、イリュージョンを楽しみたいと言うのなら、
どうぞ、そうして下さい。
ただし、その前に一度、イリュージョンが、
本当に実在するのか調べてみては如何でしょうか？
もしも、あなたが実在と非実在を混同せず、

束縛の本質を暴くことができたなら、
きっと、今までとは違った楽しみ方が見つかるはずです。

合気道がそこに起こった

想いのない動きは、
そこに特別な美しさをかもし出す。
そこには行為をする者はなく、
ただ、そこに行為が起こっているだけ。

合気道をする者が、

そこにいてはならない。
ただ、合気道がそこに起こっているだけ。

エゴ無しの技をする者が、
そこに残っていてはならない。
エゴ無しの技は、ただ、
そこに起こっているだけ。

合気の奔流

あなたに解決する力が、

本当に宿っているとでも言うのでしょうか？
エネルギーの奔流にあって、
私たちは完全に無力なのではありませんか？
そこに問題を解決すべき「あなた」が、
本当に存在するのか、よく調べてみて下さい。
合気の奔流に身を任せ、合気の奔流にのみ込まれ、
みそぎの神業に降参して下さい。

エゴを笑い飛ばす

そんな顔をしないで笑いましょう。

あなたの笑顔が見たいのです。

そんな顔をしないで笑いましょう。
あなたの笑顔が見たいのです。
源泉に於いて「誰がかまうもんか！」と、
源泉に於いて「何も問題ない！」と、

エゴを笑い飛ばす、
そんな、あなたの笑顔が見たいのです。

ALL IS WELL

すべては順調！
ALL IS WELL

すべての荷物を降ろして、
合気の中でくつろぎましょう。

すべては順調！
ALL IS WELL

すべての荷物を降ろして、

合気の中で遊びましょう。
すべては順調
ALL IS WELL

すべての荷物を降ろして、
合気に任せましょう。

思い出してください

思い出してください。
あなたはこれまで「あなた自身」であることから、

一度でも離れたことがあるでしょうか？
いいえ。
あなたは未だかつて「あなた自身」であることから、
離れたことなど一度もなく、
決してこれからも離れることなどありません。

思い出してください。
あなたは、あなたの過去・現在・未来を超えて、
「あなた自身」そのものであることを。
思い出してください。
あなたは、あなたの喜び・悲しみを超えて、
「あなた自身」そのものであることを。

思い出してください。
あなたは、あなたの人生、あなたの運命を超えて、
「あなた自身」そのものであることを。

思い出してください。
あなたは、あなたの生死、あなたの存在・非存在を超えて、
「あなた自身」そのものであることを。
あなたは、いつだって「あなた自身」のままです。
これまでも、そしてこれからも。

もっと自由に

あの時の、あなたの選択は最善でした。
あの時の、あなたの選択は間違ってなかったのです。
どうか、あなた自身を許してあげてください。
もう、これ以上あなた自身を責めないで下さい。
あの時の、あなたの選択は最善でした。
あの時の、あなたの選択は間違ってなかったのです。
どうか、あなたの囚われを手放して、
あなた自身を自由にしてあげて下さい。

空なる解放

壷は壊されて、
空なる解放を得た。
だが、始めから空なる存在に、
内も外もなかったのだ。
壷は壊されて、
空なる解放を得た。
だが、始めから空なる存在に、
区別も分離もなかったのだ。

透明なクリスタル

真っ黒なオーラを身にまとい、あなたが通る。
大丈夫、誰もあなたを責めてはいません。
分かっています。
あなたは誰よりも頑張っています。
あなたが選んだ処方箋にしたがって、
あなたはあなたの道を進めばよいのです。
あなたが昔と少しも変わらず、
純粋透明なクリスタルであることを、
「わたし」は知っています。

内なる合気、外なる合気

あなたが外なる合気のみ求めるならば、
あなたの内なる合気は見えてこない。
あなたが内なる合気のみ求めるならば、
あなたの外なる合気の働きは失われてしまう。
もし、あなたが今ここに在る、
「純粋なエネルギー」に合気すれば、
内と外との全一性を見いだすだろう。

闇夜の明かり

柔らかな月夜の光が足元を明るく照らし、
私はあなたの下へと歩み行く。
私がほんの少しだけ歩み寄ったなら、
あなたは百歩近づくと誓ってくれた。

浜辺にそよぐ優しい風が疲れた身体を癒し、
私はあなたの下へと歩み行く。
私がほんの少しだけ歩み寄ったなら、
あなたは百歩近づくと誓ってくれた。

闇夜を照らすあなたの臨在が私に愛と勇気を与え、
私はあなたの下へと歩み行く。
私がほんの少しだけ歩み寄ったなら、
あなたは百歩近づくと誓ってくれた。

「私は私」でいるとき

あなたが「私は私」でいるとき、
あなたのテクニックは、その意味を失う。

あなたが「私は私」でいるとき、

一切の工夫は、その意味を失う。

あなたが「私は私」でいるとき、
あなたの作為は、その意味を失う。

あなたが純粋な「私は私」でいるとき、
すべての後天的努力は、その意味を失う。

迷走のトリック

「失うこと」の恐れに駆り立てられ、
あなたは迷走する。
「得ること」の欲望を抑えきれずに、
あなたは迷走する。
あなたの中にある僅かな印象と記憶を期待で膨らませ、
あなたは今日も恐れと欲望を受け入れる。
もしも、あなたが自ら繰り返す、
迷走のトリックを見破ったなら、
もう二度と迷うことはないのです。

心静かに

あなたがほんの少し、心を静かにすれば、
あなたの悲しみは終焉する。
あなたがほんの少し、心を静かにすれば、
あなたの苦しみは終焉する。
あなたがほんの少し、心を静かにすれば、
あなたの迷いは終焉する。
あなたがほんの少し、心を静かにすれば、
あなたの探求は終焉する。
心を静め、それらが本当に実在するのかを、
よく見極めて下さい。

後は、あなたの運命に従って、
「あなた自身」を生きるだけ。

対立のエネルギー

あなたがほんの一瞬でも自己を意識すれば、
そこに「わたし」と「あなた」の区別が起きる。
あなたがほんの一瞬でも敵を意識すれば、
そこに「わたし」と「あなた」の分離が起きる。
自他の区別は、二極対立のエネルギーを生み出し、
自他の分離は、二元対立のエネルギーを生み出す。

合気は一なるもの。
その二つを区別すれば、一なる愛のエネルギーは姿を隠し、
たちまち融通無碍《ゆうずうむげ》の動きは失われてしまう。
合気は一なるもの。
その二つを分離すれば、天地一体のエネルギーは姿を隠し、
たちまち全一性の動きは失われてしまう。

平和の中で観照する

喜ぶことをただ見守ってください。
怒ることをただ見守ってください。

悲しむことをただ見守ってください。
楽しむことをただ見守ってください。
本当のあなたは変わらぬ平和の中で、
すべてを起こるままに観照しています。
思考をただ見守ってください。
感情をただ見守ってください。
身体をただ見守ってください。
本当のあなたは変わらぬ平和の中で、
すべてを起こるままに観照しています。

創造・維持・破壊する者

あなたが自ら創造し、
あなたが自ら維持し、
あなたが自ら破壊するのです。
時間・空間という幻想の中で、
あなたは今日も繰り返す。
誰がそれをするのか？
創造・維持・破壊をする者は誰なのか？
あなたが自ら創造し、
あなたが自ら維持し、
あなたが自ら破壊するのです。

行為者というエゴになりすまし、
あなたは今日も繰り返す。
誰がそれをするのか？
創造・維持・破壊する者は誰なのか？

笑いが起こった

笑いは去り、涙がこぼれた。
楽しみは去り、涙がこぼれた。
喜びは去り、涙がこぼれた。
幸せは去り、涙がこぼれた。

「あなた」は「あなた」のままに、
それらは独りでにやって来て、また去っていった。
笑いも、楽しみも、喜びも、幸せも、
「あなた」とは何の関係もなかったのだ。

涙は去り、笑いが起こった。
悲しみは去り、笑いが起こった。
怒りは去り、笑いが起こった。
苦しみは去り、笑いが起こった。
「あなた」は「あなた」のままに、
それらは独りでにやって来て、また去っていった。
涙も、悲しみも、怒りも、苦しみも、

「あなた」とは何の関係もなかったのだ。

合気とは

あなたの固定観念を壊しましょう。
合気とは、最初からそこに在るもの。
あなたの幻の障碍《しょうげ》を壊しましょう。
合気とは、「あなた自身」そのもの。
合気とは努力して得るものではなく、
肩の力を抜いてリラックスの中で気づくもの。
あなたの固定観念を壊しましょう。

合気とは、最初からそこに在るもの。
あなたの幻の障碍を壊しましょう。
合気とは、「あなた自身」そのもの。
合気とは努力して得るものではなく、
肩の力を抜いてノーマインドの中で気づくもの。

合気と「わたし」

「わたし」は合気、
合気は「わたし」。
「わたし」と合気は、おなじ源泉の動き、

合気と「わたし」は、おなじ純粋エネルギーの動き。
「わたし」は合気、
合気は「わたし」。
「わたし」と合気は、おなじ源泉の顕現、
合気と「わたし」は、おなじ愛の顕現。
「わたし」は合気、
合気は「わたし」。
「わたし」と合気は、おなじ源泉の戯れ、
合気と「わたし」は、おなじ神のリーラ。

＊リーラ　遊戯、戯れ

一日の始まり

今日もあなたの歌声に、
私は時を告げられ目を覚ます。
大いなるエネルギーが、
「私は在る」に生きる息吹を与え、
また、一日の私が始まる。

今日もあなたの歌声に、
私は時を告げられ目を覚ます。
「私―私」という一点から、
一斉に世界が姿を現わし、

また、一日の私が始まる。

恩寵の十牛図《じゅうぎゅうず》

一、ある日、あなたの恩寵により、
その道を尋ねることを得て、
私は、大いに喜んだ。
二、次の日、あなたの恩寵により、
その道へと続く足跡を見つけ、
私は、大いに喜んだ。
三、また次の日、あなたの恩寵により、

その道に至る方法を見つけ出し、
私は、大いに喜んだ。

四、また次の日、あなたの恩寵により、
その道に至るテクニックを得て、
私は、大いに喜んだ。

五、また次の日、あなたの恩寵により、
その道に至るテクニックに習熟し、
私は、大いに喜んだ。

六、また次の日、あなたの恩寵により、
その道に至るテクニックに満足を得て、
私は、大いに喜んだ。

七、また次の日、あなたの恩寵により、

その道に至るテクニックは脱落し、
ただ、私だけが残された。
八、また次の日、あなたの恩寵により、
求道者の私も、そのテクニックも共に、
絶対無の中に消えてしまった。
九、また次の日、あなたの恩寵により、
そこに、草がひとりでに生えてくるのを観た。
十、また次の日、あなたの思寵により、
そこに、愛がひとりでに沸き起こるのを観た。

いつわりの教え

悟りを知らない子供たちに、
悟りにあこがれる想念を、
大人が持たせた。

悟りも迷いもなく、
始めから、あなたは、
「あなた自身」で在ったのだ。

悟りを知らない子供たちに、
悟りを求めるテクニックを、

大人が持たせた。

悟りも、迷いもなく、
始めから、あなたは、
「あなた自身」で在ったのだ。

イッツ　オートマチック

愛がわたしの身体を癒す。
愛がわたしの感情を癒す。
愛がわたしの精神を癒す。

誰でも愛気をするところに、
大調和の力がオートマチックに働きかけ、
そこに、癒しが起こる。

愛がわたしの愛を覚醒させる。
愛がわたしの智慧を覚醒させる。
愛がわたしの力を覚醒させる。
誰でも愛気をするところに、
大調和の力がオートマチックに働きかけ、
そこに、覚醒が起こる。

初めから完全

あなたが全身全霊で、
取り組まねばならないことは言うまでもないが、
あなたがどんなに努力してみても、
それは完成しない。
あなたがどんなに努力してみても、
それは成就しない。
あなたがどんなに努力してみても、
それは完全にはならない。
あなたが全身全霊で、
取り組まねばならないことは言うまでもないが、

それはあなたの努力に関係なく、
初めから完成しているのだ。
それはあなたの努力に関係なく、
初めから成就しているのだ。
それはあなたの努力に関係なく、
初めから完全なのだ。

アナタを見せない

これ以上、「アナタ」を見せないで下さい。
無邪気に遊ぶ子供のように、

自然体の『あなた』を見たいのです。

これ以上、「アナタ」を見せないで下さい。
無心で遊ぶ子供のように、
純粋無垢な『あなた』を見たいのです。

これ以上、「アナタ」を見せないで下さい。
今、ここに於いて夢中で遊ぶ子供のように、
あるがままの『あなた』を見たいのです。

分離のとびら

あなたが「私はこの身体である」という、
幻想を終わらせない限り、
固く閉ざされた、分離のとびらは、
決して開かれることはないでしょう。
あなたが「世界は実在する」という、
妄想を終わらせない限り、
固く閉ざされた分離のとびらは、
決して開かれることはないでしょう。

皆夜になれば

始まりの時を演じているあなた、
終わりの時を演じているあなた、
楽しみの最中を演じているあなた、
それでも皆、星が煌めく夜になれば、
自分の寝床を整え、すべてを手放し、
平和の中で、静かに眠りにつくのです。

出会いと結び

時と場が出会って愛となり、
天地結んで愛となる。
＋・－、出会って結んで愛となる。

時と場が出会って智慧となり、
天地結んで智慧となる。
＋・－、出会って結んで智慧となる。

時と場が出会って力となり、
天地結んで力となる。

十・一、出会って結んで力となる。

祓い・癒し・悟りの時

完全なるあなたに「祓いの時」はない。
常に祓われているからだ。
完全なるあなたに「癒しの時」はない。
常に癒されているからだ。
完全なるあなたに「悟りの時」はない。
常に悟っているからだ。

それに従うだけでよい

時間・空間というトリックの中で、
それを極めようとするのは止めなさい。
それは、それ自らの成せる業であり、
あなたが成し遂げるものではないからです。
あなたは、ただ黙ってそれに従うだけでよいのです。

時間・空間というトリックの中で、
道を究めようとするのは止めなさい。
道は、道自らの成せる業であり、
あなたが成し遂げるものではないからです。

あなたは、ただ黙って道に従うだけでよいのです。

憩いの場所

「あなた自身」を無視して、
一体あなた以外のどこに、
憩いの場所があるというのでしょうか。
あなたはどこに向かって、
何を求めて歩んでいるのですか？
「あなた自身」の中にあって、
今ここで安らかであって下さい。

それでも、期待と疑念に振り回されて、
あなたは外へ外へと、彷徨《さまよ》い歩く。
それでも、恐れと欲望に翻弄されて、
あなたは外へ外へと、彷徨い歩く。
それでも、憩いの場所を求めて、
あなたは外へ外へと、彷徨い歩く。
「あなた自身」を無視して、
一体あなた以外のどこに、
憩いの場所があるというのでしょうか。
あなたはどこに向かって、
何を求めて歩んでいるのですか？
「あなた自身」の中にあって、

今ここで、安らかであって下さい。

新時代への道

落ちることを恐れ過去にしがみつく者。
無関心のまま現在という刹那に生きる者。
アセンションを待ち望み未来に生きる者。
恐れ、無関心、待望のエネルギーは、
新時代の迷走に拍車をかけて、
今ここに「在る」ことを忘れさせてしまった。
あなたが過去・現在・未来を超えて、

「あなた自身」を知ること以外に、
新時代への道はない。
あなたが過去・現在・未来を超えて、
「あなた自身」で在ること以外に、
新時代への道はない。

ジャッジする者

あなたは右は良く、
左は悪いというのでしょうか?

あなたは上は良く、
下は悪いというのでしょうか？

あなたは前は良く、
後ろは悪いというのでしょうか？

あなたをこの上なく「個」とならしめて、
ジャッジする者は、誰ですか？

その意味を持って

涙は、その意味を持ってあなたのところにやって来る。
あなたに於いて、流されんがために。

悲しみは、その意味を持ってあなたのところにやって来る。
あなたに於いて、癒されんがために。

苦しみは、その意味を持ってあなたのところにやって来る。
あなたに於いて、終わらせんがために。

無になるということ

あなたの智慧は究極なるものに、
届いていると言うのでしょうか？
そんな人は、未だかつて一人もいないのです。
無になることがその道なのだから。

あなたの愛はハートに、
届いていると言うのでしょうか？
そんな人は、未だかつて一人もいないのです。
無になることがその道なのだから。

あなたの力は神に、
届いていると言うのでしょうか？
そんな人は、未だかつて一人もいないのです。
無になることがその道なのだから。

願いごとがあるのなら

もしも、あなたに夢や願いごとがあるのなら、
あなたの源泉に祈りをささげて、
あなたのすべてを委ねてみて下さい。

愛とともに、すべてを解き放つのであって、
愛とともに、すべてをサレンダー（手放す）するのであって、
あなたの中に願いごとを留め置いてはいけません。

もしも、あなたに夢や願いごとがあるのなら、
あなたの源泉に祈りをささげて、
あなたのすべてを委ねてみて下さい。

宇宙のリズム

あなたが魂の時間に生きるなら、

宇宙のリズムがナチュラルな風のように、
最高のハーモニーを奏でてやってくる。
宇宙リズムでシンクロを楽しみ、
宇宙リズムで神遊びを楽しむ。
あなたが魂の時間に生きるなら、
宇宙のリズムがナチュラルな風のように、
最高のタイミングでやってくる。

人から人へ伝える言葉

どれほど言葉を尽くそうとも、

それを人から人へと伝えることなどできはしない。
それでも一つにならんとする愛のエネルギーは、
あなたにそれを伝えようとする。

エゴを超えた愛の力が、
それを伝えずにいられなくするのだ。

どれほど言葉を尽くそうとも、
それを人から人へと語ることなどできはしない。
それでも、一つにならんとする愛のエネルギーが、
あなたにそれを語ろうとする。

エゴを超えた愛の力が、
それを語らずにいられなくするのだ。

無敵の意味

あなたが人より強くなったとしても、
それは無敵とは言えない。
あなたが誰にも負けなくなったとしても、
それは無敵とは言えない。

そこに自己と敵がいる限り、
それは無敵とは言えない。

そこに二元性がある限り、
それは無敵とは言えない。
無敵とは敵が無いこと。
無敵とは自己が無いこと。

あなたが二元性を超えて、
あなた自身に合気すれば、
自ずと無敵の意味を知るでしょう。

センターは空しく消えた

内面、奥深くに訊ねたセンターは「私―私」を残して空しく消えた。
神秘的な美談に乗せられ、期待を膨らませて尋ねたマインドは、
そこに純粋、透明、真空のセンターらしきものを発見した。
さらに探求してみると、それらしきものは純粋、透明、真空ゆえに、
そこにはセンターらしきものは、どこにも無いことに気が付いた。
センターを探し当てたつもりがそこに無を見たマインドは途方に暮れて、
こう、叫んだ「WHO AM I ?」
「では、このセンターを探しているという、私とはいったい誰なのか？」と。
センターも、探求も、探求者も全てが、マインドの想像だったのだ。
そこには、センターはもちろんのこと探求する者さえ存在しなかったのだ。

内面、奥深くに訊ねたセンターは「私—私」を残して空しく消えた。

仮面をはずしてしまおう

あなたの仮面をはずして素顔を見せてしまおう。
昨日までのあなたは離れて行ってしまうかもしれないが、
自然体でいられるあなたが、何より幸せ。

あなたの仮面をはずして素顔を見せてしまおう。
昨日までの自分は離れて行ってしまうかもしれないが、
「私—私」でいられるあなたが、何より幸せ。

エネルギーツール

肉体は「私」ではないが、
自分自身を知るために与えられた、
大切なエネルギーツール。

感情は「私」ではないが、
自分自身を知るために与えられた、
大切なエネルギーツール。

思考は「私」ではないが、
自分自身を知るために与えられた、

大切なエネルギーツール。

一切を観照する者

外をみて、外にとらわれず、
内をみて、内にとらわれない。
自己をみて、自己にとらわれず、
世界をみて、世界にとらわれない。
宇宙をみて、宇宙にとらわれず、
一切をみて、一切にとらわれない。
あなたは「私―私」の中にあって、

在るがままに一切を観照する者。

全体を見る目

こっちばかりを見ないで全体を見る。
そっちばかりを見ないで全体を見る。
あっちばかりを見ないで全体を見る。

問題を見つけることに忙しい「私」は、
全体を見る目を知らない。

問題を抱えている「私」をニュートラルにすれば、
自らが全体を見る目となる。

あなたが手に入れたものは

あなたが手に入れたものは、
あなたが手放す運命にあり、
あなたが得たものは、
あなたが失う運命にある。
あなたが二度と手放さないもの、
あなたが二度と失わないものを見つけ、

あるがままで完全無欠の、
あなた自身であって下さい。

あなたが頭で考えるとき

あなたが頭で考えるとき、
マインドが力を得る。

あなたが頭で考えるとき、
マインドが大手を振って闊歩《かっぽ》する。

あなたが頭で考えることを止めた時、
マインドは力を失う。

あなたが頭で考えることを止めた時、
マインドは静まり、後ろに退く。

あなたが頭で考えることを止めて、
あるがままに生きるなら、

あなたは、あなたの一挙手一投足が、
自然体となることを知るでしょう。

あなたの焦点

あなたの焦点が余りに近いから、
あなたは何も見えないと言う。
何も見えないと言うのは誰ですか？

あなたの焦点が余りに近いから、
あなたは何も感じないと言う。
何も感じないと言うのは誰ですか？

ありとあらゆる事がそこに起き、
ありとあらゆる事を見ている、

不動のあなたがそこに居る。

ありとあらゆる事がそこに起き、
ありとあらゆる事を感じている、
不生のあなたがそこに居る。

人のために役立つこと

人のために役立つことだけが、
私たちの使命ではありません。
たとえ、そこに人助けが起こったとしても、

「私―私」という命を輝かせるという、
大切なことを忘れてしまったなら。

あなたの言いわけに関係なく

あなたの言いわけに関係なく、
すべては御心のままに起きる。
あなたの言いわけに関係なく、
すべては御心のままに調っていく。

あなたの言いわけに関係なく、
すべては御心のままに運ばれていく。

流れに身を任せ、流れに逆らわず、
ゆったりと大海へと運ばれて行きなさい。

あなたに喜びが起きた時

あなたに喜びが起きた時、
それを感謝しましょう。
あなたに喜びが起きなかった時、

それを受け入れましょう。
あなたに感謝が起きた時、
それを喜びましょう。
あなたに感謝が起きなかった時、
それを受け入れましょう。

流れ星のように短い人生の中で

流れ星のように短い人生の中で、
一体あなたは何を想うのでしょうか？

あなたはあなたの根底に流れる「私は在る」を無視して、
星屑の如くはかなく消えてゆくというのですか？

一瞬のまばたきのような短い人生の中で、
一体あなたは何を想うのでしょうか？

あなたはあなたの根底に流れる「私は在る」を無視して、
一瞬のまばたきの如く人生を終えるというのですか？

あなたは決して流れ星なんかじゃなく、
星屑の如くはかなく消えてしまう者ではなく、
今ここに在る永遠の実在そのもの。

あなたは決して一瞬のまばたきなんかじゃなく、
一瞬のまばたきの如く人生を終える者でもなく、
今ここに在る永遠の実在そのもの。

呑み込まれない

あなたの思考と感情と身体が、
たとえ絶望にさらされようと、
真我には何も関係ないことです。
あなた自身までもが起こることの中に、

呑み込まれてはいけません。
あなたは真我であって、
決して思考でも感情でも身体でもありません。

ジニャーナを愛するもの

ジニャーナを愛するものに恐れはない。
ジニャーナを愛するものに苦しみはない。
透明性をひとたび確立したエゴを、
再び汚すことはできない。
純粋性をひとたび確立したエゴを、

再び汚すことはできない。
完熟して落ちた果実をもとの枝に戻すことができないように、
落ちたエゴをもとに戻すことはできない。
エゴを超えたものだけがそれを理解する。
ジニャーナを生きるものに恐れはない。
ジニャーナを生きるものに苦しみはない。

ただ、独りでに起こる

あなたの自由意志で、
あなたの目的を達成するのではありません。

あなたの自由意志で、
あなたの道を完成するのではありません。
あなたのモチベーションも、
あなたの努力も、
あなたの喜びも、
あなたの実りも、
全ては大いなる意志のもとに、
独りでに起こるのです。
全ては最もふさわしい時期に、
偶然のハプニングとして、
大いなる意志のもとに、
ただ、独りでに起こるのです。

愛すべきバクタ&ジニャーナ達

明け渡すべき「わたし」は、
本当に存在するのでしょうか？
探求すべき「わたし」は、
本当に存在するのでしょうか？
それでも、明け渡しをこよなく愛するバクタ達は、
今日もバクティーを熱心に行ずる。
それでも、探求をこよなく愛するジニャーナ達は、
今日もジニャーナを熱心に行ずる。
ああ、愛すべきバクタ達！
ああ、愛すべきジニャーナ達！

明け渡す者も、探求する者も、
そこには誰もいない。
ただ、実在の動きがそこにあるばかり。
ああ、愛すべきバクタ達！
ああ、愛すべきジニャーナ達！

＊バクタ　帰依者　＊　バクティー　帰依

静かな微笑み

持てる力を見せもせず、

あなたは静かに、静かに微笑むばかり。
持てる智慧を見せもせず、
あなたは静かに、静かに微笑むばかり。
持てる愛を見せもせず、
あなたは静かに、静かに微笑むばかり。
不生のままに満ち足りているあなたは、
人知を超えて、ただ、ただ静かに微笑むばかり。
自己なき静寂を楽しむあなたは、
万物を知らぬ間に純化する。
「私―私」のままに満ち足りているあなたは、
人知を超えて、ただ、ただ静かに微笑むばかり。

朝には「私―私」のままに

朝には「私―私」のままに世界に目を覚ます。
眠り、夢見を通り抜け、
朝には「私―私」のままに世界に目を覚ます。
静かな空の飛行から、
まるで着陸したかのように、
空と陸との違いを肌で感じもするが、
搭乗者である「私―私」に違いはない。
朝には「私―私」のままに世界に目を覚ます。
眠り、夢見を通り抜け、
朝には「私―私」のままに世界に目を覚ます。

心満たされて

心満たされて、
未だ欲する者はそこにおらず。
愛満たされて、
未だ作為する者はそこにおらず。
『心満ちて無欲となり、
愛満ちて無為となる』

いつも通り

おてんとうさまは、
余りにもいつも通りだから。
おてんとうさまは、
余りにもあたり前だから。
おてんとうさまは、
余りにもあるがままだから。

愛はいつでもそこに

愛はいつでもそこに。
恩寵はいつでもそこに。
「私—私」はいつでもそこに。
たとえ、あなたが気が付かなくても。
神はいつでもそこに。
グルはいつでもそこに。
真我はいつでもそこに。
たとえ、あなたが気が付かなくても。

彼は何が来ようとも幸せ

彼は何が来ようとも幸せなのだ。
また、彼は何も来なくても幸せなのだ。
彼の完全性は来ることや、
去ることの中にはなく、
永遠の今ここに在るから。
彼は何が起ころうとも幸せなのだ。
また、彼は何も起こらなくても幸せなのだ。
彼の完全性は起こることや、
起こらないことの中にはなく、
永遠の今ここに在るから。

離れていると思うから

「わたし」が離れていると思うから、
恐れがそこに起きるのです。
「わたし」はワンネス。
決して離れてなんかいません。
「あなた」が離れていると思うから、
疑いがそこに起きるのです。
「あなた」はワンネス。
決して離れてなんかいません。
「わたし」と「あなた」が離れていると思うから、
苦しみがそこに起きるのです。

「わたし」と「あなた」はワンネス。
決して離れてなんかいません。

笑顔を忘れたあなたは

笑顔を忘れたあなたは、とても、深刻な顔をしています。
笑顔を忘れたあなたは、とても、難しい顔をしています。
笑顔を忘れたあなたは、
その意味を取り違えています。
笑顔を忘れたあなたは、
あなたが誰なのかを忘れています。

天の浮橋

天の浮橋に立つとは、
あなたが、空なる存在として立つこと。
それは、自己も敵も無い境地。
それは、絶対的自己の境地。
天の浮橋に立つとは、
あなたが、「私―私」として立つこと。
それは、あるがままの境地。
それは、神ながらの境地。

あなたの運命

それがあなたの運命ならば、
あなたの目的は達成されるでしょう。
それがあなたの運命でなければ、
あなたの目的は達成されないでしょう。
どちらの運命が起こるにしても、
そこに大いなる力が働きかけ、
あなたを優しく導いてくれています。

夢芝居

起こるままに、止むままに、
何でも好きな事をして下さい。
けれども、これだけは忘れないで欲しいのです。
あなたは人生という、長くて短い、
夢の中を生きている者であるということ。
あなたは人生という、長くて短い、
芝居を演じている者であるということ。
あなたが一切の夢芝居を終わらせた時、
あなたは、あるがままの「私—私」に帰るのです。

神のリーラは合気となって

神のリーラ（戯れ）は合気となって、
今宵も素敵な愛の衣装を身にまとい、
われを忘れて舞い踊る。
宇宙を舞台に、所狭しと舞い踊る。
神のリーラ（戯れ）は合気となって、
今宵も素敵な愛の衣装を身にまとい、
われを忘れて舞い踊る。
神を仲間に、
愉快な遊びは今宵も続く。

どちらも、「あなた」

あなたを通して、それは起こるかもしれない。
しかし、それが起こったからといって、
何だと言うのですか？
あなたを通して、それは起こらないかもしれない。
しかし、それが起こらなかったからといって、
どうだと言うのですか？
それが起ころうと、起こるまいと、
それが起こる前の「あなた」と、
それが起こった後の「あなた」は、
どちらも、同じ「あなた」ではありませんか？

そこに流れる光を

そこに流れる光を止めてしまったら、
あなたの働きは失われてしまう。
あなたは天と地をつなぐ者。
天と地は人を通じて、
始めて生きるのだから。
そこに流れる光を止めてしまったら、
あなたの命は失なわれてしまう。
あなたは天と地をつなぐ者。
天と地は人を通じて、
始めて輝くのだから。

日・月・素と合気道

神は（日）となって昼を照らし、
万物を育み活力とパワーを与えてくれる。
神は（月）となって夜を優しく照らし、
万物に安らかな休息を与えてくれる。
神は（素）となって宇宙を飾り、
万物に希望の光を与えてくれる。
神は（日・月・素）合気となって世を禊《みそ》ぎ、
万物を弥勒の世界へと導かんとする。

ユニシティー（単一的融合）を知る二人

ユニシティーを知る二人は、
愛に結ばれ離れない。
「わたし」と「あなた」の間には、
もはや、分離は何もない。
ユニシティーを知る二人は、
智慧に結ばれ離れない。
「わたし」と「あなた」の間には、
もはや、区別は何もない。
ユニシティーを知る二人は、
力に結ばれ離れない。

「わたし」と「あなた」の間には、
もはや、二元性は何もない。

再び繰り返しますか、終わりにしますか

再び繰り返しますか？
それとも、今ここで終わりにしますか？
あなたが繰り返すのには、
それを繰り返す必要があったからと言う。
あなたが繰り返すのには、
それを学ぶ必要があったからと言う。

あなたが繰り返すのには、
それに気づく必要があったからと言う。
いいえ、あなたがそれを繰り返すのは、
自分自身で繰り返すことを選んでいるから。
今ここで、それを耳にしたあなたは、
今ここで、それを終わらせるチャンスがきています。
再び繰り返しますか？

求めて止まぬあなた

求めて止まぬあなたが見つけたその道を、

何も責める気持ちはないのだが、
それでも、求めて彷徨うあなたを、
見過ごすわけにはいかない。
求めて止まぬあなたが見つけたその道を、
何も責める気持ちはないのだが、
それでも、求めて苦しむあなたを、
見過ごすわけにはいかない。
求めて止まぬあなたが見つけたその道を、
何も責める気持ちはないのだが、
それでも、求めて気づかぬあなたを、
見過ごすわけにはいかない。

エネルギーが愉快に踊りだす

力が入り過ぎていませんか？
何故、そんなに他人を意識するのでしょう。
力が入り過ぎていませんか？
何故、そんなに自分を意識するのでしょう。
自分も他人もなく空っぽの器としてそこに立てば、
エネルギーが楽しく踊ります。
自分も他人もなく空っぽの器としてそこに立てば、
エネルギーが素敵に踊ります。
自分も他人もなく空っぽの器としてそこに立てば、
エネルギーが愉快に踊ります。

言葉の力に気づいたなら

言葉の力に気づいたなら、
言葉の重さに気づいたなら、
軽々しく言葉を発することはできない。
人を大切にするから、
言葉、巧みになるのではなく、
人を大切にするからこそ、
言葉、少なくなるのだ。

運命に従って

私は運命に従って自分の最善を尽くします。
しかし、その全てが神の意志であることを、
「わたし」は、知っています。
私は運命に従って自分の責任を果たします。
しかし、その全てが神の責任であることを、
「わたし」は、知っています。

二つの間に違いはない

「私は誰なのか？」と自己を探求して、
絶対の境地にくつろぐ者は、
真我と合気の間に違いを見ない。
「我は弱きものなり」と自己を明け渡して、
神の名の下に安らぎ、
神の名の下に強く生きる者は、
神と合気の間に違いを見ない。
どちらも完全なるものに自我を放棄した勝者。
二つの間に違いはない。

合気の道とは

合気の道はスポーツではなく、
合気の道は格闘技でもなく、
合気の道はレクリエーションでもない。
合気の道は合気を知る道。
合気の道は合気を信じる道。
合気の道は合気を行ずる道。

悩みは二元性の中で

あなたが二元性の中に生きる時、
悩める「わたし」と「あなた」がそこに出現する。
あなたが絶対性の中に生きる時、
問題を抱えていた「わたし」と「あなた」は姿を消す。
光が遮られてできた陰、光によって消えた陰。
悩みは本当にそこに存在するのだろうか？
問題は本当にそこに存在するのだろうか？

あなた自身

その行為があなたを目的地へ連れて行くのではない。
その言葉があなたを目的地へ連れて行くのではない。
その思考があなたを目的地へ連れて行くのではない。
「あなた自身」を除いて目的地などというものはなく、
「あなた自身」を除いてプロセスといったものもない。
「あなた自身」が目的地であり、
「あなた自身」が道なのだから。

小さな一粒の種

小さな一粒の種が天地の恵みにより、
ひとりでに発芽した。
小さな一粒の種が天地の恵みにより、
ひとりでに成長した。
小さな一粒の種が天地の恵みにより、
ひとりでに開花した。
小さな一粒の種が天地の恵みにより、
ひとりでに実をつけた。
小さな一粒の種が天地の恵みにより、
ひとりでに無に帰った。

合気を神遊ぶ

合気を神遊ぶにあたって、
人よりも勝る力は必要ないが、
自分の心身を身軽に支えるだけの、
強さは最低限に必要だ。
自己の健康管理ができていれば、
それらは言うまでもないが、
ゆがんだ欲望や、人よりも勝りたいというエゴが、
その当たり前のことの邪魔をする。

エゴが「あなた」ではない

たとえ、あなたが現象に巻き込まれ、
喜怒哀楽を味わおうとも、
あなたが、あなた自身を忘れさえしなければ、
そこに何の問題もないのです。
思考・感情・肉体に囚われ、
起こることの中に巻き込まれ、
喜怒哀楽を味わうのはエゴであって、
「あなた」が現象に巻き込まれているのではない。
あなたが、あなた自身を忘れさえしなければ、
そこに何の問題もないのです。

エゴが「あなた」ではないのだから。

行き渡るバイブレーション

目覚め・夢見・熟睡をこえて、
なお、行き渡るバイブレーション。
そこに、「あなた」の存在する余地はなく、
「あなた」の自由意志は通用しない。
それはあるがままに行き渡る、
存在のバイブレーション。
目覚め・夢見・熟睡をこえて、

なお、行き渡るバイブレーション。
そこに、「わたし」の存在する余地はなく、
「わたし」の自由意志は通用しない。
それはあるがままに行き渡る、
静寂のバイブレーション。

目覚め・夢見・熟睡をこえて、
なお、行き渡るバイブレーション。
そこに、エゴの存在する余地はなく、
エゴの自由意志は通用しない。
それはあるがままに行き渡る、
平和のバイブレーション。

Beingに感謝する

Beingを喜び、
Beingに遊ぶ。
Beingを愛し、Beingに感謝する。
Beingを喜び、
Beingに満足する。
Beingを愛し、Beingに感謝する。

武道における気の活用

武道における気の活用は、
今、ここにおいて即座に使える、
融通無碍のものでなければならない。
また、使えば枯渇するような気も役に立たない。
気は常に無尽蔵で神通自在でなければ意味がない。
あなたの気を一体どこに結ぶのか？
武道における気の活用は、
常に先天・後天の気を超えて、
その源泉に繋がっていなければならない。

神我が御心のままに働く

太刀を振り、
丈を振り、
体術で投げ打つ。
すべては神我（絶対的自己）が、
御心のままに働くというもの。
あるがままの動きがそのまま、
神我のままの動きがそのまま、
合気の働きとなり、
合気の道となる。

存在自体によって暴かれる

暗闇が光によって、
その非存在を暴かれたように、
絶対的自己（光）が偽りの自己を暴くだろう。
光の存在自体によって、
暗闇が消し去られるように、
絶対的自己（光）の存在自体によって、
偽りの自己は消し去られるだろう。

手のひらに握り締めた木の実のように

あなたの覚醒が、
あなたの中の観照者を呼び覚ました。
純粋な観照意識は、
見る者、見られるものの非実在を見切り、
気づきは今ここに在った。
「在る」という純粋意識の中では、
一切皆空、初めから何も起ころうはずもなく、
見る者も、見られるものも、
求める者も、求められるものも、
共に消えてしまうのだ。

手のひらに握り締めた、
たった、ひとつの確かな木の実のように、
ただ、それだけを残して。

見えざる力の媒介

見えざる力が媒介して智慧と身体を結び、
無形を有形たらしめる絶妙な働きを為す。
合気も、また然り。
見えざる力が媒介して彼我を結び、
無心をもって調和たらしめる絶妙な働きを為す。

合気も、また然り。
見えざる力が媒介して人と人とを結び、
神我をもって愛たらしめる絶妙な働きを為す。
合気も、また然り。

あなたを救う船

夢の中のドラマが、
目を覚ますまでは真実であるように、
この世界もまた人生が終わるまでは、
真実であるように調整されている。

夢の中のドラマを真実と見なすように、
アジニャーニは幻の世界に溺れる。
自覚夢が夢のトリックを暴きだすように、
ジニャーニはマインドのトリックを暴きだす。
「汝自身を知る」があなたを救う船だ。

＊アジニャーニ　真我を実現していない人

思いっきり柔軟に

白と黒とをそんなにはっきり、

区別してはいけません。
陰極まれば、陽に転ずるのですから、
あるがままに受け入れましょう。
思いっきり柔軟に。
思いっきり流動的に。
彼と我とをそんなにはっきり、
区別してはいけません。
「私」なければ即、全体なのですから、
あるがままに受け入れましょう。
思いっきり柔軟に。
思いっきり流動的に。

焦点をはずす

相手に焦点を合わせることが、
エゴの働きではあるけれど、
相手から焦点をはずすことも、
エゴの選択肢にはあるのです。
相手に焦点を合わせ悩み続けるのは、
そのことをただ知らないだけ。
この世界に焦点を合わせることが、
エゴの働きではあるけれど、
この世界から焦点をはずすことも、
エゴの選択肢にはあるのです。

この世界に焦点を合わせ悩み続けるのは、
そのことをただ知らないだけ。

自己意識を捨てる

自己意識の対応では全てが遅すぎるのだ。
むしろ、自己意識を捨ててしまって、
時間、空間の既成概念を超えてしまわなければならない。
私たちは自己意識の対応こそが正しいと、
あたり前に思い込んでしまっている。
自己意識を捨ててしまったら、

一切の行為が成り立たないと、
あたり前に思い込んでしまっている。
だが、自己意識の対応では全てが遅すぎるのだ。
自己意識を超えた潜在意識・深層意識に繋がらなければ、
合気の技は一向に見えてはこない。
自己意識を超えた神ながらの境地を見出さなければ、
光明への道は一向に見えてはこない。

きっと、すべては

急がないで、もっともっとゆっくり。

あなたに湧き起こった思いを受け入れて、
素直に促されていれば、
きっと、すべてが旨く運ばれていきます。
急がないで、もっともっとゆっくり。
あなたに湧き起こった感情を受け入れて、
素直に促されていれば、
きっと、すべてが旨く運ばれていきます。
急がないで、もっともっとゆっくり。
あなたに湧き起こった感覚を受け入れて、
素直に促されていれば、
きっと、すべてが旨く運ばれていきます。

滂沱《ぼうだ》の涙となって

胸につかえた心の悲しみが、
滂沱の涙となって流れた。
そこに居た私は去り、
観照者だけが残された。
胸につかえた心の苦しみが、
滂沱の涙となって流れた。
そこに居た私は去り、
純粋な気づきだけが残された。
胸につかえた愛の渇望が、
滂沱の涙となって流れた。

そこに居た私は去り、
愛だけが残された。

すべては独りでに起こる

あなたの為すことを、
心と身体に任せましょう。
すべては独りでに起こるのだから、
あなたは何も心配しなくていいのです。
大丈夫、大丈夫、きっとうまくいきます。
あなたの為すことを、

運命とその導きに任せましょう。
すべては独りでに起こるのだから、
あなたは何も心配しなくていいのです。
大丈夫、大丈夫、きっとうまくいきます。

個から全体へのシフト

あなたの持てるどんな小さな賜物も、
そこに「あなた」が居さえしなければ、
今すぐにでもそれがあなたが為しえる最高の、
世界へのギフトとなり得るのです。

大洋に融け入った、
あの一滴、一滴の川の水のように、
個から全体へのシフトが、
こうして、又ひとつ成就してゆく。

野原を彩る花のように

「私はこの通りの者である」と、
色即是空、空即是色の遊びの中で、
純粋無垢に引きあてたその役を演じきれば、
あなたを通じて大いなる創造の力が、

不思議にも内から湧いてくる。
『天におけるがごとく、地においても為される』
その行為は時と場を得て見る者を魅了し、
たとえ一つ一つは小さくとも、
見事に美しく生きて地上を飾る。
またしても、愛がミラクルな演出をするのだ。
あの、野原を彩る花のように。

絶対をフォーカスする者

対立をそれほど好むのなら、

その戯れを続けるがよい。
分離をそれほど好むのなら、
その戯れを続けるがよい。
絶対をフォーカスする者だけが、
その絶対なる源泉に帰り着く。
完全をフォーカスする者だけが、
その完全なる源泉に帰り着く。

マンゴーは熟して

ひとつのマンゴーが地に落ちた。

その実は自然の中であるがままに育ち、
成熟の刻を得たのだ。
約束されている実りを待たずに、
その実をもぎ取ってはならない。
果実は完熟すれば自然に落ちるのだから。
ひとつのマンゴーが地に落ちた。
その実は自然の中であるがままに育ち、
成熟の場を得たのだ。
約束されている実りを待たずに、
その実をもぎ取ってはならない。
果実は完熟すれば自然に落ちるのだから。

I AM THAT!

私はどこにも行かない。
私はいつでも、ここに居る。
I AM THAT
私はどこにも行かない。
私はいつでも、ここに在る。
I AM THAT
私はどこにも行かない。
私はいつでも、ここに満ちている。
I AM THAT

存在を知る

自分が生きていると思うから苦しみます。
自分が生きていると思うから悲しみます。
大地や空気がなければ生きていられません。
火や水がなければ生きていられません。
「あなた」が存在しなければ生きていられません。
生かされている自分を知りましょう。
生かされている自分を愛しましょう。
自分が生きていると思うから疑います。
自分が生きていると思うから迷います。
大地や空気がなければ生きていられません。

火や水がなければ生きていられません。
「あなた」が存在しなければ生きていられません。
生かされている自分を知りましょう。
生かされている自分を愛しましょう。

あなた自身を感じる

マインドを沈めて、
静かにあなた自身を感じてみましょう。
子供の頃のあなたと、
年老いた時のあなたは、

同じあなた（存在）です。
マインドを沈めて、
静かにあなた自身を感じてみましょう。
生まれる前のあなたと、
死後のあなたは、
同じあなた（存在）です。

どんな想いが起ころうとも

怒りたかったら怒ればよい。
泣きたかったら泣けばよい。

だけど、どんな想いが、
どれほど起ころうとも、
『あなた』はちっとも変わりはしないよ。
驚いたら驚けばよい。
笑いたかったら笑えばよい。
だけど、どんな想いが、
どれほど起ころうとも、
『あなた』はちっとも変わりはしないよ。

丘にのぼったお月様

あなたの頬にきらめく涙をぬぐって、
清く澄んだ冷たい空気を吸えば、
夜空に明るいお月様が微笑み返す。
あなたの求める道を歩めばよい。
あなたの信じる道を進めばよい。
丘にのぼった満月が、
あの道、この道、
そちらの道と、
行く人、行く道、選ばず、嫌わず、
夜空で明るく照らしています。

至高の恩寵の光よ

光のマントを身にまとい、
輝くあなたがそこに座っている。
光明そのものと化したあなたは、
愛の光の権化となって、
世界の隅まで目映い光を放射する。
『至高の恩寵の光よ！
至高の恩寵の光よ！
我らの上に降りたまえ！
至高の恩寵の光よ！』

真我の朝

ナチュラルな静寂、不動のバイブレーション。
楽しげな小鳥のさえずりと、
気の枝に遊ぶ、猿や可愛らしいリス達。
鶏の鳴き声が朝もやと共に、
聖なる丘に朝を告げた。
限りなくやさしく、
限りなく確かな一つの朝に、
針の落ちる音さえ響き渡る。
ナチュラルな静寂、不動のバイブレーション。
静かな、静かな真我の朝に、

静かな、静かな真我の朝がやってきた。

梅花の香

烏はかあかあ、雀はちゅんちゅん。
湧き上がる法悦の涙に咽《むせ》びながら、
禅僧はそこに在る景色を、
ただ、あるがままに見つめていた。
澄みきった蒼い空に流れ行く白い雲。
緑の木立の隙間から木漏れ日が輝き、
聞こえてくる小川のせせらぎが、

疲れた身体をやさしく癒してくれる。
積年のくすぶり続けてきた疑問は根絶やしにされ、
『私』は死に、不生の仏心だけがそこに残された。
「やれやれ、すべては不生で調うものを……」と、
禅僧は静かに微笑みつぶやいた。
辺りに漂う梅花の香に、
禅僧の涙がとめどなく頬をつたって流れた。

「天命」という足跡

あなたはあなたのその足で、

地面を踏まねばならないのです。
あなたはあなたのその目で、
それを見なければならないのです。
自分の足で一歩一歩を踏みしめて、
自分の目で一つ一つを確かめて、
初めてあなたの行く道が生まれてきます。
あなたが、ふと、後ろを振り返ったその時、
「天命」という美しい足跡が、
そこに残されていることを知るでしょう。

神我のすぐれた働き

現れては消える雑念を、
起こるまま止むままに、
ただ、映して観る。
あなたにどれ程の雑念が湧き起ころうとも、
問題ではありません。
あるがままに一念の想いなく、
すべてを鏡の如くに映すのが、
神我のすぐれた働きなのです。

あなたの敵

何をそんなに恐れているのでしょうか？
もっと力を抜いてみましょう。
あなたの敵は、
自分以外には存在しないのですよ。
何をそんなに焦っているのでしょうか？
もっと心を落ち着けてみましょう。
あなたの敵は、
自分以外には存在しないのですよ。

自分を守るために

自分を守るために他人を殺すのですね。
何と野蛮な発想でしょう。
何と無知な発想でしょう。
そこに何の悟りもなく、
そこに何の愛もなく、
そこに何の勇気もない。
自分を守るために他人を殺すのですね。
何と幼稚な発想でしょう。
何と二元的な発想でしょう。
そこに何の悟りもなく、

そこに何の愛もなく、
そこに何の勇気もない。

獲物をねらう猛獣のように

あなたは獲物をねらう猛獣のように、
標的を追いかけては狩りを続ける。
でも、それは、
あなたが『得る』ものではないと、
あれほど、言ったではありませんか。

違うあなたがそこに

少し考えすぎてしまいましたね。
でも、大丈夫です。
あなたの失敗が、またひとつ、
あなたの学びを深くしました。
以前と違うあなたがそこにいるはずです。

澄んだ水面

そのことについては、

悪戯《いたずら》に色付けしてはいけません。
そのことについては、
悪戯に美化してはいけません。
あなたは、ただ鏡のように、
あるがままを写せばそれでよいのです。
ほら、澄んだ水面に、
お月様が、あんなに綺麗《きれい》に写ってますよ。

時は終わりを告げた

もはや、個人が悟りを求める時は終わりを告げました。

今後は、それぞれの天命に従って、
それぞれの役割を全うするのみです。
もはや、個人の信仰を深める時は終わりを告げました。
今後は、それぞれの天命に従って、
それぞれが全体のために為すべきことを為すのみです。

神ながらの魂火

『神ながら　愛気の御業に
禊がれて　今甦る　魂の輝き』

『我なくば　ふと湧き起こる　祝詞《のりと》ごと
直日の鏡に　映える言霊』
『神ながら　無敵の意味を　悟りなば
手足の舞は　神の御心』

空っぽの器になる練習

空っぽの器になるということが、
つかみ所がなくて難しいという。
それは、本当の自分を知り、
本当の自分でいる重要なエクササイズ。

もしも雑念があなたの邪魔をするのなら、
あなたの一挙手一投足に、
『神様ありがとうございます』と唱えてみてください。
神への感謝行もまた、神ながらに命を全うする、
重要なエクササイズです。
どちらにしても、もはやあなたの内には、
あなた（エゴ）の居場所はないのです。

聖なるバイブレーションを残して

神の慈愛に包まれて、

二極の分離が消え去った。
「わたし」と「あなた」は一つになって、
みんなが愛しくて、愛しくて、
みんなが大切で、大切で、
そんな優しい心を思い出したんだね。
辺りに煌めく聖なるバイブレーションを残して、
二極の分離は光のなかへと消え去った。
神の慈愛に包まれて、
二極の分離が消え去った。
神と人とが一つになって、
みんなが愛しくて、愛しくて、
みんなが大切で、大切で、

そんな平和な心を思い出したんだね。
辺りに煌めく聖なるバイブレーションを残して、
二極の分離は「私―私」の中へと消え去った。

空性の輝き

空性の輝きは、
「あなた」がこの世で、
見ることができない光。
空性の輝きは、
いかに優美に飾りつけられた、

町のイルミネーションよりも、
はるかに、はるかに美しく、
暖かく、やさしく、力強く、
『知るもの』を魅了して止まない。
空性の輝きは、
「あなた」がこの世で、
手にすることができない光。
空性の輝きは、
いかに優美に飾りつけられた、
町のイルミネーションよりも、
はるかに、はるかに目映く、
暖かく、やさしく、力強く、

『在るもの』を魅了して止まない。

自分で創造した束縛

少しだけ耳を傾けてくれませんか?
あなたは自ら「私には無理だ」、「私にはできない」と、
暗示をかけてはいませんか?
自分で創造した束縛なのですから、
今すぐ、自分の手でキャンセルして下さい。
少しだけ耳を傾けてくれませんか?
あなたは自ら「私には難しい」、「私には分からない」と、

暗示をかけてはいませんか？
自分で創造した束縛なのですから、
今すぐ、自分の手でキャンセルして下さい。

私が見たいのは

あの方が素晴らしいのはよく分かりました。
その方が素晴らしいのもよく分かりました。
それで、あなたはどうなのですか？
私が見たいのは、
あの方ではなく、あなたの素晴らしさなのです。

私が見たいのは、その方ではなく、あなたの輝く姿なのです。

エネルギーの調停

マインドが発するエゴの実在を暴けば、
エネルギーの調停がそこに起こります。
また、エゴを神に明け渡しても、
エネルギーの調停がそこに起こります。
どちらにしても自己を放棄して、
神聖なるものに降参した者には、
大調和のバイブレーションがあるがままに働きかけ、

エネルギーの調停が自然のうちに起こるのです。

右（陰）と左（陽）との和解

右（陰）と左（陽）との和解が、
分裂から、融合のエネルギーへとシフトを起こした。
大調和のエネルギーが世界をあまねく照らす。
日本を、地球を、そして大宇宙を。

私があなたにしてあげられること

私があなたにしてあげられることは何もなく、
ただ、あなたの微笑む顔が見たくて、
「私―私」でいるだけなのです。
私があなたにしてあげられることは何もなく、
ただ、あなたの幸せな顔が見たくて、
「私―私」でいるだけなのです。

波と共に

浜辺に座り、
太陽に煌めく広い海を見ていると、
ちっぽけな自分が、
面白おかしく思えてくる。
「私は今どこに？」
「誰が哀しむのか？」
「誰が喜ぶのか？」
「そう言う、私は誰か？」
大きな大きな海原が、
小さな小さな人の想いを、

打ち寄せる波と共に消し去っていった。

アイの発動

エゴが何かを成し遂げるという時代は、
終わりを告げました。
これからの一挙手一投足は、
すべて愛（アイ）からの、
思わざる発動でなければなりません。
愛（アイ）に突き動かされた行為が、
そのまま、その人の行為となり、

愛（アイ）に突き動かされた言葉が、
そのまま、その人の言葉となり、
愛（アイ）に突き動かされた想いが、
そのまま、その人の想いとなるのです。

JNANA《ジニャーナ》 LOVE

純粋意識に咲く花は、
それ自身で光り輝く、
聖なる花。
JNANA LOVE

『汝自身を知る』、
あなたのハートに大いなる、
智慧の花が咲いた。
JNANA LOVE
あなたは「私」を手放し、
「私―私」を受け入れたんだね。
JNANA LOVE
あるがままの自分を受容れたとき、
美しくも香しい、
ジニャーナの花が咲いた。
JNANA LOVE
あるがままの愛を受容れたとき、

美しくも香しい、
ジニャーナの花が咲いた。
JNANA LOVE

荒魂《あらたま》・和魂《にぎたま》の禊ぎ

『荒魂　鎮めの技に　禊がれて
燃ゆる炎ぞ　真の勇気は』
『和魂　鎮めの技に　禊がれて
流れる涙は　真の優しさ』

見えざる助力者

たとえ、「私」が行くべき道を見失い、
いかなる悲しみに出逢おうとも、
見えざる助力者は、
必ず「私」を導き助けて下さる。
何故ならそれが彼らの仕事だからです。
たとえ、「私」が行くべき道を見失い、
いかなる苦しみに出逢おうとも、
見えざる助力者は
必ず「私」を導き助けて下さる。
何故ならそれが彼らの仕事だからです。

心配しないで

心配しないで、
冷たいほっぺを、ほら、
おひさまが暖めてくれた。
もう大丈夫だよ。
心配しないで、
涙でぬれたほっぺを、ほら、
おつきさまが優しく拭ってくれた。
もう大丈夫だよ。
心配しないで、
ふるえていた身体を、ほら、

おほしさまが元気にしてくれた。
もう大丈夫だよ。

命があればこそ

命があればこそ、
身体のありがたさに気づく。
命があればこそ、
温かな心に涙がこぼれる。
命があればこそ、
心と身体が生きる。

心と身体があればこそ、
命も生きる。

空の奥所から

ワタシの光輝く一点から、
無限の「それ」なる全体が顕れる。
空なる、空なる、そのまた空の奥所から。
アナタの光輝く一点から、
無限の「それ」なる宇宙が顕れる。
空なる、空なる、

そのまた空の奥所から。

空っぽの楽器

答えを求めてはならない。
たとえ一つの答えさえも。
ワタシは何も知る必要はないのです。
ワタシはただ、
素敵な音色を奏でる、
空っぽの楽器であればそれでいいのです。
答えを出してはならない。

たとえ一つの答えさえも。
ワタシは何も知る必要はないのです。
ワタシはただ、
美しい音色を奏でる、
神の楽器であればそれで幸せなのです。

その私とは誰ですか？

私の身体とあなたは言う。
その私とは誰ですか？
私の感情とあなたは言う。

その私とは誰ですか？
私の生命とあなたは言う。
その私とは誰ですか？
私の悲しみとあなたは言う。
その私とは誰ですか？
私の苦しみとあなたは言う。
その私とは誰ですか？
私の喜びとあなたは言う。
その私とは誰ですか？
私の幸福とあなたは言う。
その私とは誰ですか？

忘れませんように

忍耐強くあって下さい。
あきらめないで下さい。
辛抱強くあって下さい。
おじけづかないで下さい。
どんな時にも、
あなたがあなたであることを、
忘れませんように。
たとえ失望しようとも、
弛《たゆ》みなく続けて下さい。
たとえ絶望的に見えようとも、

繰り返し続けて下さい。
どんな時にも、
あなたがあなたでいることを、
忘れませんように。

純粋に気づいているもの

それは決して、
捉えどころのないものじゃなくて、
あたたかくて、
やさしくて、

はっきりと気づいて、
力強いもの。
それは決して、
空空漠漠としたものじゃなくて、
生死を超え、
観照する者を超えて、
至福に満ち、
純粋に気づいているもの。

愛あふれて

質問はやめて、
静かにしましょう。
疑うことはやめて、
静かに待ちましょう。
あなたのハートに、
愛があふれて、
満天に輝くお星様が、
自然にこぼれ落ちてくるように。
考えるのはやめて、
静かにしましょう。

悩むことはやめて、
静かに待ちましょう。
あなたのハートに、
愛があふれて、
満天に輝くお星様が、
自然にこぼれ落ちてくるように。

何も知らない

「私は何も知らない」と言う、
あなたのどこがいけないと言うのでしょうか？

「私は何も知らない」と言う、
私のどこがいけないと言うのでしょうか？
むしろ「私は知っている」と言う、
あなたを私は恐れるのです。

ハートで生きる人

頭で知る人ではなく、
ハートで知る人でありたい。
頭で愛する人でなく、
ハートで愛する人でありたい。

頭で生きる人でなく、
ハートで生きる人でありたい。

奉仕に生きる道

合気の道は、
ただ自己完成を目指す道ではなく、
同じ地球に生きる一人の人として、
今ここに在る真我の自覚をもって、
奉仕に生きる道です。

神ながらの準備

肩の力を抜くという、
この単純な作法が、
身体のみにとどまらず、
マインドにも確実に作用して、
余分な力みを抜いていく。
ほんの少しの身体へのアプローチが、
深く深く心に作用して、
あなたをニュートラル状態へと導き、
神ながらの準備を整えていく。

愛の泉

緊張から笑みは浮かばない。
あなたのリラックスした、
静かなマインドの奥底に、
あたたかくて優しい、
愛の泉が湧いている。
一度、その波動に触れたなら、
誰でも自然な笑みがこぼれてしまう。

外に向いたマインド

外に向いたマインドを、
あなたの内に休めて、
くつろぎましょう。
こんなにも健やかな、
こんなにも安らかな、
あなた自身に気づいて欲しいのです。
外に向いたマインドを、
あなたの内に休めて、
くつろぎましょう。
こんなにも豊かな、
こんなにも充実した、
あなた自身に気づいて欲しいのです。

◎ 著者プロフィール ◎

中村昌泰（なかむら　まさやす）

インドへの旅をきっかけに真我の探求に目覚める。1933年、流道創始者、寺田気山と出会い、その翌年に道場長として道場開設の允可を受ける。独自の観点から自己の霊性を意識したスピリチュアルな合気道を模索している。

ジニャーナの合気《あいき》

至高の愛《バクティ》と真我《しんが》の輝《かがや》き

中村《なかむら》昌泰《まさやす》

明窓出版

平成二四年七月二十日初刷発行

発行者 ── 増本　利博
発行所 ── 明窓出版株式会社
〒一六四―〇〇一二
東京都中野区本町六―二七―一三
電話　（〇三）三三八〇―八三〇三
FAX（〇三）三三八〇―六四二四
振替　〇〇一六〇―一―一九二七六六
印刷所 ── シナノ印刷株式会社
落丁・乱丁はお取り替えいたします。
定価はカバーに表示してあります。

ISBN4-89634-310-6

ホームページ http://meisou.com

誰も知らない開運絶対法則

中今悠天（白峰）・有野真麻 共著

巻頭文より「開運の絶対法則とは、地球全体の70％の海の海岸の砂浜から一粒の砂を探すようなものです。

されど、生命のリズムと等しく大自然の法則なり。

海の砂浜の意味がここにある。海はあらゆる生命の源なり。

開運絶対法則は、人生、人間のために、アリノママに働く法則なり。

境界線なくば魅力尽きず。魅力あれば境界線なし。

奥の細道、時の旅人松尾芭蕉ならぬ中今仙人との対話集です」。


皆さんの中には、「なぜ日本が世界の中心だと言えるのか？」と、疑問に思われる方もいらっしゃるかもしれません。でも、それは疑問に思うようなことではなく、事実として素直に受け入れるべきことなのです。

たとえば、なぜ指一本で相手を倒すことが合気道にできるのかと言えば、相手の中心の一点をおさえているからです。その人体の中心は、目に見えるものではないけれど、分かる人にはそれがどこにあるか、はっきりと分かるものです。

つまり、分からない人は鈍感なだけであり、これは、信じる信じないの問題ではないのです。

そして今、日本人の在り方こそ、何より大切なのです。定価1500円